GEORGES FEYDEAU

UN
BAIN DE MÉNAGE

VAUDEVILLE EN UN ACTE

PRIX : 1 FR. 50

PARIS
LIBRAIRIE THÉATRALE
14, RUE DE GRAMMONT, 14

1889

Droits de reproduction, de traduction et de représentation réservés.

UN BAIN DE MÉNAGE

VAUDEVILLE EN UN ACTE

Représenté pour la première fois, à Paris, sur le théâtre de la Renaissance, le 15 avril 1888.

A LA MÊME LIBRAIRIE :

DU MÊME AUTEUR :

THÉATRE

Tailleur pour Dames, comédie en trois actes.......... 2 fr.
Amour et Piano, comédie en un acte..... .... 1 »
Fiancés en herbe, comédie enfantine en un acte........ 1 »

MONOLOGUES

Le Potache, dit par Coquelin cadet.................... 1 »
Les Réformes, dit par Coquelin cadet................. 1 »
Patte en l'air, dit par Coquelin cadet................ 1 »
J'ai mal aux dents, dit par Saint-Germain............ 1 »
Un Coup de Tête, dit par Mlle Reichemberg............ 1 »

GEORGES FEYDEAU

UN
BAIN DE MÉNAGE

VAUDEVILLE EN UN ACTE

PARIS
LIBRAIRIE THÉATRALE
14, RUE DE GRAMMONT, 14

1889
Droits de traduction, de reproduction et d'analyse réservés.

PERSONNAGES

COCAREL, 29 ans.............	MM. Gildés.
CATULLE, collégien de 16 ans.......	Thiry.
LAURENCE COCAREL............	Mmes Dartez.
ADÉLAÏDE, bonne de Laurence.......	Cantin.

UN BAIN DE MÉNAGE

Un vestibule. Au fond, porte du salon. A droite, premier plan, porte d'entrée. A gauche, premier plan, une porte donnant sur les appartements de Laurence. A droite de cette porte, un cordon de sonnette. Dans le pan coupé de gauche, autre porte donnant sur les appartements de Cocarel. — Au fond, un peu à gauche de la porte du salon, un paravent; adossée au paravent, une chaise; contre le pan coupé de droite, une table carrée ; au milieu de la scène une baignoire, quelques chaises légères d'antichambre.

SCÈNE PREMIÈRE

ADÉLAÏDE, CATULLE, portant un seau d'eau.

ADÉLAÏDE, un bougeoir à la main.

Allons, un peu de courage, c'est le dernier...

CATULLE.

C'est pas malheureux!

Il vide le seau dans la baignoire.

ADÉLAÏDE.

Ah! c'est fini... ouf!

Elle s'assied avec lassitude.

CATULLE.

Hein!... Ah! oui, ça a dû te fatiguer...

ADÉLAÏDE.

Ah! allez, monsieur Catulle, c'est dur d'être femme de chambre...

CATULLE.

A qui le dis-tu... mâtin !...

ADÉLAÏDE.

Si j'avais su... C'est moi qui n'aurais pas quitté le demi...

CATULLE.

Le demi...

ADÉLAÏDE.

Eh bien !... oui le demi... j'étais placée dans le demi... chez une cocotte !... J'ai voulu entrer chez une femme honnête... Eh bien ! on vous fait porter l'eau, chez les femmes honnêtes... V'là ce que c'est que de déroger...

CATULLE.

Comment tu as servi chez une cocotte ? (Avec envie.) Oh ! tu as de la chance !...

ADÉLAÏDE.

Ah ! c'est que c'était joliment plus agréable chez elle ! D'abord, je n'étais pas seule... Il y avait Benoît, le valet de pied, qui était aussi l'oncle de madame, quand il y avait des étrangers...

CATULLE.

Allons donc !

ADÉLAÏDE.

Parole. J'ai même jamais pu savoir si c'est son domestique qui lui servait d'oncle ou son oncle qui lui servait de domestique. Enfin, n'importe ! l'ouvrage allait joliment plus vite... vous pensez, à nous deux.

CATULLE.

Vous faisiez tout...

ADÉLAÏDE.

Non ! nous ne faisions rien ! Oh ! madame avait tant d'amis, c'était pas la peine de fatiguer les domestiques.

CATULLE.

C'est juste... Dis donc, Adélaïde...

ADÉLAÏDE.

Monsieur...

CATULLE.

Tu devrais me présenter à ton ancienne maîtresse...

ADÉLAÏDE.

Moi...

CATULLE.

Ah! oui, dis...

ADÉLAÏDE.

Oh! je regrette, monsieur... Mais nous sommes en froid... Elle s'est mal conduite avec moi... alors, je l'ai quittée...

CATULLE.

Qu'est ce qu'elle t'a fait?

ADÉLAÏDE.

Elle m'a flanquée à la porte.

CATULLE.

Allons donc!...

ADÉLAÏDE.

Oui... oh! depuis quelque temps elle ne me satisfaisait plus...

CATULLE.

Voilà bien ma guigne, moi qui voudrais tant connaître une cocotte... Tiens.., il y a Badingeard, un de mes copains au collège, qui en a une, lui... Eh bien! tu n'as pas idée comme ça le pose! Quand il passe on dit : « Tiens, voilà Badingeard, celui qui a une cocotte, » et il est le premier de sa classe... Ah! il a de la chance. Dis-moi? Elle était jolie, ton ancienne maîtresse.

ADÉLAÏDE.

Mon Dieu, le soir... oui... Mais le matin... oh! toc!...

CATULLE.

Ah! le matin, ça, je m'en fiche,.. pourvu que le soir... comme c'est pour les élèves, pour embêter Badingeard!... Ah! Adélaïde, dis, tu ne peux pas me présenter tout de même? Ah! mais tu sais, je paierai... je sais que ça coûte de l'argent... Badingeard me l'a dit...

ADÉLAÏDE.

Ah!

CATULLE.

Dieu merci... J'ai mes semaines...

ADÉLAÏDE.

Ah bien! alors!...

CATULLE.

Papa a chargé mon cousin Cocarel... qui est maintenant mon correspondant, de me donner dix francs par semaine.

ADÉLAÏDE.

Et vous pensez qu'avec cet argent?...

CATULLE.

Oh! avec de l'argent, on arrive à tout... Même avec une cocotte! Et dire que je n'en ai jamais connu, moi!... Une fois j'ai bien cru cependant, on m'avait dit : « Vas-y, c'en est une! » Ah bien! oui. Elle m'a demandé dix louis! J'avais bien vu que c'était une femme du monde.

ADÉLAÏDE, qui pendant toute cette scène a arrangé les divers objets nécessaires au bain, plie le peignoir de Laurence.

Allons! Il ne faut pas désespérer, monsieur Catulle... Voyons tout est prêt. Madame va pouvoir prendre son bain.

CATULLE.

Son bain!... Alors ce bain est pour ma cousine...

ADÉLAÏDE.

Dame!

CATULLE, avec un soupir.

Ah! Elle est bien heureuse, cette baignoire!...

ADÉLAÏDE.

Ah! candeur...

CATULLE.

Ah! Elle est si jolie, ma cousine!

ADÉLAÏDE.

Eh bien! il faut lui dire...

CATULLE.

Ah! je n'oserais pas... je suis trop timide... mais c'est

égal, je suis bien content que papa me fasse sortir chez mon cousin Cocarel.

ADÉLAÏDE.

Alors, vous êtes timide avec les femmes ?

CATULLE.

Ah! pas avec toutes !

Il l'embrasse.

ADÉLAÏDE.

Eh bien! dites donc, faudrait pas me prendre pour une horizontale !...

SCÈNE II

Les Mêmes, LAURENCE.

LAURENCE, *sortant de gauche, elle est en déshabillé.*
Eh bien ! ce bain est-il prêt ?

ADÉLAÏDE.

Oui, madame !...

LAURENCE.

Ah ! Catulle, ce n'est pas pour vous chasser, mais je vais prendre mon bain !

CATULLE.

Je comprends, ma cousine. (A part.) Décidément, elle ne m'aime pas.

LAURENCE, *trempant ses doigts dans l'eau.*

Oh! mais vous êtes folle, ma fille ! Mais c'est de l'eau bouillante.

ADÉLAÏDE.

Ah! quand madame sera dans le bain, ça aura le temps de refroidir... Madame sait que quand c'est chaud, ça refroidit, quand c'est froid, ça ne se réchauffe pas.

LAURENCE.

Ah ! Il paraît que vous avez fréquenté M. de la Palisse.

ADÉLAÏDE

Ah ! madame, c'est une calomnie! Dieu merci!... J'ai des principes !...

LAURENCE.
Comment M. de la Palisse ?...
ADÉLAÏDE.
M. de la Palisse de l'aristocratie... Je suis extrême gauche moi, madame.

SCÈNE III

Les Mêmes, COCAREL.

COCAREL.
Laurence, où sont mes gants ?... Mes nouveaux gants... mes beaux gants...
LAURENCE.
Dans mon armoire à glace... Allez les chercher, Adélaïde.

Adélaïde sort.

COCAREL.
Tiens, tu prends un bain dans l'antichambre, toi ?
LAURENCE.
Où veux-tu que je le prenne ? Puisqu'il n'y a pas de salle de bain ? Je ne puis pas me baigner au salon !
COCAREL.
Mais s'il vient du monde...
LAURENCE.
A cette heure-ci ! Dix heures et demie !...
COCAREL.
C'est juste ! (A Catulle.) Est-ce que tu sors, toi ?
CATULLE.
Oui, nous descendrons ensemble.
VOIX D'ADÉLAÏDE.
Madame, je ne trouve pas les gants !
LAURENCE.
Attendez, j'y vais ! (A Cocarel.) Cette fille est si peu intelligente...

COCAREL.

Mais non, mon amie, je t'assure.

LAURENCE.

Ah! tu la défends toujours, toi!

Elle sort.

SCÈNE IV

CATULLE, COCAREL.

COCAREL.

Alors, tu viens!

CATULLE.

Oui, passons-nous la soirée ensemble?...

COCAREL.

Ah! non! impossible!... Ce soir, je fais mes farces! Adorable, vois-tu!... une petite femme exquise...

CATULLE.

Ah! mes félicitations!

SCÈNE V

LES MÊMES, LAURENCE, ADÉLAÏDE.

LAURENCE.

Tiens, les voilà tes gants.

ADÉLAÏDE.

Ils étaient sous les caleçons de monsieur.

COCAREL.

Eh bien! vous ne pouviez pas les trouver?

ADÉLAÏDE.

Oh! monsieur, sous des caleçons!

COCAREL.

Eh! bien, quoi? dans une armoire! (Il hausse les épaules.) Là, suis-je correct? Regardez ces gants! est-ce assez pur? Voyons, Adélaïde?... en me voyant ainsi, qu'est-ce que vous diriez, si vous étiez femme?

ADÉLAÏDE.

Comment, si j'étais femme ?

COCAREL.

C'est une manière de parler, enfin, qu'est-ce que vous dites de mes gants ?

ADÉLAÏDE.

Ah! belle peau... monsieur est tout à fait chic avec! Ah! c'est que m'y connais en daim !

COCAREL.

Plaît-il ?

ADÉLAÏDE.

Je dis... je m'y connais en daim ! Les gants de monsieur sont en daim.

COCAREL.

Ah! bien, je croyais !

CATULLE, à Cocarel.

Allons, viens-tu ?

COCAREL.

Voilà. (A Laurence.) Je m'en vais, ma chérie. Je ne sais pas à quelle heure je rentrerai. Ne m'attends pas, tu es souffrante. Prends ton bain et couche-toi.

LAURENCE.

Tu ne viendras pas me dire bonsoir en rentrant ?

COCAREL.

Moi ?... non, mignonne. Il faut que tu dormes.

CATULLE.

Ah! si c'était à moi qu'elle eût dit ça ?...

COCAREL.

Tu as besoin de repos... de repos pour deux, tu sais. Allons, bonsoir... Oh! si tu savais comme cela m'ennuie de sortir...

CATULLE.

Comédien, va!

LAURENCE.

Hé bien! alors reste.

COCAREL.

Non, vois-tu, fillette, je ne peux pas. J'ai un rendez-vous... un rendez-vous d'affaires. Allons, au revoir, je me sauve. Viens, Catulle.

CATULLE.

C'est ça... partons.

SCÈNE VI

ADÉLAÏDE, LAURENCE.

LAURENCE.

Pauvre Sosthène ! Il avait bien envie de rester tout de même.

ADÉLAÏDE.

Ah! madame, c'est-à-dire que monsieur s'est fait violence !...

LAURENCE.

N'est-ce pas ?

ADÉLAÏDE.

Ah! il aime tant madame ! je ne sais pas ce qu'il est dans l'intimité...

LAURENCE.

Eh bien ! Adélaïde !...

ADÉLAÏDE.

Oh! pardon, madame... Mais, madame ne va pas prendre son bain?

LAURENCE.

Ma foi si, il doit être bien à présent. (Prise d'un étourdissement.) Ah! mon Dieu !

ADÉLAÏDE, effrayée.

Quoi donc, madame ?

LAURENCE.

Oh ! je ne sais, je vois tout bleu, tout tourne autour de moi.

ADÉLAÏDE, rassurée, la soutenant.

Ah! bon, bon ! ce ne sera rien.

1.

LAURENCE.

Il me semble que je vais tomber.

ADÉLAÏDE.

Ah! que ce doit être bon des étourdissements légitimes!

LAURENCE.

Décidément non, je ne prendrai pas de bain, je rentre chez moi, vous pouvez monter vous coucher, moi je vais en faire autant.

Adélaïde le conduit jusqu'au seuil de sa porte.

ADÉLAÏDE.

Madame n'a plus besoin de moi?

LAURENCE.

Non, merci, ma fille, je vais mieux.

Elle rentre dans son appartement.

ADÉLAÏDE.

Là! bonsoir, madame.

SCÈNE VII

ADÉLAÏDE.

Une bonne nuit par là-dessus et il n'y paraîtra plus. Pauvre petite femme! Et dire que ça pourrait m'arriver à moi aussi, si je me mariais. Ça pourrait même m'arriver sans ça! mais bernick... pas si bête! on a l'œil. (Allant à la baignoire.) Oui, mais avec tout ça, madame ne prend pas son bain, un bain si appétissant. Quel coulage! voilà un bain perdu...Oh! quelle idée... Il est encore tout chaud, madame est couchée, monsieur est sorti, ma foi... si je... Eh allez donc!... (Elle déboutonne son corsage.) Comme cela il n'y aura rien de gâché! (On entend le bruit d'une clé tournant dans la serrure de la porte de droite premier plan.) Mon Dieu! quelqu'un, ce doit être Monsieur ou monsieur Catulle...

Elle éteint sa bougie et se cache derrière le paravent.

SCÈNE VIII

ADÉLAÏDE, COCAREL.

COCAREL.

Pristi! Il fait noir comme dans un four!

ADÉLAÏDE, à part.

C'est monsieur, je ne me trompais pas.

COCAREL.

Où a-t-on mis les bougies ? (Il cherche à tâtons.) Oh! je suis furieux. (Il se cogne contre un meuble.) Pardon! — Il n'y a qu'à moi, il n'y a qu'à moi qu'il en arrive de pareilles ! Non, c'est énorme ! (Il se cogne contre un autre meuble.) Pardon! — A peine suis-je descendu que le concierge m'appelle et me dit : « Il y a une lettre pour monsieur... je reconnais son écriture ; qu'est-ce que c'est? me dis-je, je romps... je romps le cachet et je lis?...

ADÉLAÏDE.

Ah! t'as pas fini ?...

COCAREL, machinalement.

T'as pas fini! Hein! Comment! oh! rien... les oreilles m'ont corné... je lis... « Mon gros So... » elle m'appelle toujours son gros So... abréviatif de Sosthènes « Mon gros So ne viens pas ce soir... Mon singe m'emmène chez Bidel. » Comme s'il ne pouvait pas se dispenser de ces réunions de famille. C'est énorme ! je suis furieux !... Dieu ! que c'est embêtant !...

ADÉLAÏDE, à part.

Est-ce qu'il ne va pas s'en aller?

COCAREL.

Avec tout ça, je ne trouve pas les bougies. (Il se cogne dans la baignoire.) Crac! allons bon! la baignoire!... Comment ma femme a déjà pris son bain... oh! elle aura changé d'idée! c'est si capricieux les femmes! Elle a fait préparer son bain et puis elle ne l'a pas pris!... C'est bien ça... Non, c'est énorme!... Enfin!... (Il se dirige vers la chambre.) Allons, je trouverai de la lumière chez moi.

SCÈNE IX

ADÉLAÏDE.

Ouf! j'ai cru qu'il allait coucher là! Me laissera-t-on enfin prendre mon bain tranquillement. (Elle rallume sa bougie.) Allons, monsieur est rentré chez lui... je crois qu'on peut y aller carrément. (Elle retire son corsage.) Ciel! (On entend tousser dans la chambre de Cocarel.) Ciel! monsieur! Encore lui! Ah! En voilà une colle!

Elle éteint la bougie et se réfugie derrière le paravent.

SCÈNE X

ADÉLAÏDE, COCAREL.

Cocarel entre, une bougie d'une main, une bouillotte d'eau chaude de l'autre, il est en pantalon et en pantoufles et tient sa robe de chambre sous son bras.

COCAREL.

Il m'est venu une idée... je me suis dit: « Voilà un bain qui ne fait rien... qui me tend les bras... Eh bien! je vais le prendre... » (Il pose sa bougie sur la chaise qui est contre le paravent.) Et me voilà! je viens prendre mon bain!

Il verse l'eau de la bouillotte dans le bain.

ADÉLAÏDE, à part.

Eh bien! qu'est-ce qu'il fait?

COCAREL.

J'ai toujours des idées excellentes, moi. (Il trempe ses doigts dans le bain.) Ah! l'eau est exquise! pas trop chaude, ça ne pourra me faire que du bien!

ADÉLAÏDE.

Hein! Il va prendre son bain? En voilà une idée! Si je pouvais m'échapper.

Elle souffle la bougie.

SCÈNE DIXIÈME

COCAREL.

Hein ? Ma bougie qui s'est éteinte! Qu'est-ce que ça veut dire? Il n'y a rien d'ouvert, cependant!

ADÉLAÏDE.

Comme cela je pourrai profiter de l'obscurité!
Elle sort de derrière le paravent sur la pointe des pieds.

COCAREL.

Non ! ça n'est pas naturel, je vais rallumer.

ADÉLAÏDE.

Oui, si tu trouves des allumettes !
Elle met la boîte dans sa poche.

COCAREL.

Où sont-elles? Je ne les trouve pas !

ADÉLAÏDE, *se cognant sur un meuble.*

Ah! maudit tabouret !

COCAREL.

On a marché! Qui est là ?
Adélaïde reste clouée sur place et ne bouge pas.

COCAREL.

Voyons! répondez, j'ai bien entendu!... Laurence! c'est toi, dis!... Voyons!... pas de farces!... Laurence!...
Il saisit le bras d'Adélaïde.

ADÉLAÏDE.

Aïe!

COCAREL.

Ah! je te tiens! (*Il lui passe la main sur la figure.*) Nous allons bien voir... Une femme!... Ah ! tu vois bien que c'est toi, c'est inutile de te cacher... Je te reconnais... voilà bien ton nez... ta taille... je reconnais ta taille... ainsi, ce n'est pas la peine... Et puis, est-ce qu'un mari ne reconnait pas toujours sa femme, même au milieu de l'obscurité...

ADÉLAÏDE.

Ah! ma foi tant pis! C'est le seul moyen de m'en tirer.

COCAREL.

Voyons... finis cette plaisanterie... dis-moi... n'est-ce pas que c'est toi?...

ADÉLAÏDE, bas.

Eh bien ! oui, là, c'est moi !

COCAREL.

Parbleu, je n'ai pas besoin de voir clair !... Mais tu sais que l'obscurité te change la voix ; mais comment ne dors-tu pas à cette heure? Qu'est-ce que tu fais là ?

ADÉLAÏDE.

Vous... tu trouves !

COCAREL.

Oui.

ADÉLAÏDE, bas.

Rien... je ne sais, j'étais couchée... tout à coup je me suis dit : je vais faire six fois le tour du vestibule. Alors je n'ai plus tenu... je me suis levée et voilà, je suis en train de faire six fois le tour du vestibule!

COCAREL, avec élan.

Une envie ! Oh ! cher ange!

ADÉLAÏDE, à part.

Ouf!

COCAREL.

Mais tu as bien fait... tu as bien fait... tous tes caprices, il faut te les passer !... Entends-tu?... Tu n'as pas d'autres fantaisies ?

ADÉLAÏDE, bas.

Mon Dieu ! non !... Ah ! si !... J'ai trouvé que nous ne payions pas assez cette bonne Adélaïde qui me sert si bien... Alors, j'ai résolu de l'augmenter. (A part.) Pas bête ! ça!

COCAREL.

Comment, tu veux... Oh ! A quoi ça sert? Elle ne se plaint de rien, cette fille... il ne faut pas habituer les domestiques à ces choses-là !

ADÉLAÏDE, bas.

Oh ! mais moi, je veux...

SCÈNE DIXIÈME

COCAREL.

Voyons, c'est ridicule, demande autre chose. Veux-tu que je te mène demain à la tour Eiffel ?

ADÉLAÏDE, bas.

Non, je veux qu'on augmente Adélaïde, là !

COCAREL.

Là, là, je l'augmenterai... tu es là à crier tout bas... calme-toi... Voyons, qu'est-ce qu'elle a par mois ?... Soixante-dix francs. Eh bien ! je lui en donnerai soixante-douze... Là ! Es-tu contente ?

ADÉLAÏDE.

Soixante-douze ! Ah bien !... t'es vraiment rapiat !

COCAREL.

Hein ! Comment dis-tu ?... En voilà un argot... Qu'est-ce qui t'a appris ce langage ?

ADÉLAÏDE, interloquée.

Mais... ma mère. Il paraît que dans la vie, il est bon de savoir plusieurs langues.

COCAREL.

Allons, poupoule... sois gentille... va te coucher; je vais allumer et te reconduire jusque chez toi...

ADÉLAÏDE, vivement.

Non, non, n'allume pas... (A part.) Il ne manquerait plus que ça !... (Haut.) Non ! j'aime mieux l'obscurité, je rentrerai toute seule.

COCAREL.

Mais si, attends... où y a-t-il des allumettes ?

ADÉLAÏDE.

Oui, cherche...

COCAREL.

Eh ! je suis bête... j'en cherche et j'en ai dans ma veste.

ADÉLAÏDE.

Hein ! Il va allumer !.. (Jouant l'évanouissement.) Ah ! mon Dieu, un étourdissement, oh !...

COCAREL, effaré.

Laurence! ah! mon Dieu, Laurence!
Il la prend dans ses bras et l'assied sur ses genoux.

SCÈNE XI

Les Mêmes, LAURENCE.

LAURENCE, en déshabillé, un bougeoir d'une main, une bouillotte de l'autre.

Ma foi, mon étourdissement est passé, je vais prendre mon bain.

COCAREL, ahuri.

Ma femme!... Adélaïde!...

LAURENCE, id.

Mon mari!...

ADÉLAÏDE.

Madame!

COCAREL.

Qu'est-ce que cela veut dire? J'ai la berlue!...

LAURENCE.

Eh bien! qu'est-ce que vous faites là, monsieur?

COCAREL.

Mais tu vois, je .. je vais prendre mon bain.

LAURENCE.

Avec Adélaïde sur vos genoux!

COCAREL, bien effaré.

Sur mes genoux?... Elle était sur mes genoux, Adélaïde?

LAURENCE.

Dame, il me semble...

COCAREL, id.

Je ne m'en suis pas aperçu... Vous étiez sur mes genoux, Adélaïde?

ADÉLAÏDE, ahurie.

Oh! tout à fait au bout, monsieur.

SCÈNE ONZIÈME

GOGAREL, id.

Ah! tout au bout... C'est possible... sur la rotule... Elle était sur mes rotules, ça ne peut pas compter...

LAURENCE.

Vraiment? Et pourquoi était-elle sur vos rotules?

GOGAREL.

Ah! je me le demande!... (A Adélaïde.) Oui, pourquoi étiez-vous sur mes rotules?

ADÉLAÏDE, balbutiant.

Je... je n'avais pas vu... monsieur.

GOGAREL.

Ah! vous ne... c'est une raison! (A Laurence.) Tu vois, elle ne m'avait pas vu?...

LAURENCE.

Oh! c'est trop fort, monsieur!... vous osez joindre l'hypocrisie à votre libertinage...

GOGAREL.

Liberti... liberti... Elle a dit...

LAURENCE.

Libertinage... oui, monsieur!... Oh! c'est infâme, me tromper, moi! après six mois de mariage! Et avec qui?... avec ma femme de chambre.

GOGAREL.

Voyons, Laurence.

LAURENCE.

Laissez-moi, monsieur...

ADÉLAÏDE.

Mais, madame...

LAURENCE.

Taisez-vous, je vous chasse.

ADÉLAÏDE.

Mais au moins que madame m'écoute...

LAURENCE.

Quoi, vous avez l'impudence... Sortez!...

ADÉLAÏDE.

Mais...

LAURENCE.

Sortez!...

ADÉLAÏDE, à part, en s'en allant.

Aussi il avait bien besoin de venir prendre son bain, celui-là...

SCÈNE XII

LAURENCE, COCAREL.

LAURENCE.

Et maintenant à nous deux, monsieur !

COCAREL.

Ouf !

LAURENCE.

Veuillez m'expliquer votre conduite ?

COCAREL.

Eh bien ! voilà, je vais tout te dire.

LAURENCE.

Vous mentez ! Taisez-vous !...

COCAREL.

Mais je n'ai encore rien dit.

LAURENCE.

Parbleu! votre silence vous condamne.

COCAREL.

Voyons, loulou ?...

LAURENCE.

Il n'y a pas de loulou... Ainsi, voilà tout ce que vous trouvez à dire pour votre défense : voyons, loulou... Et vous trouvez que cela suffit ?...

COCAREL.

Eh bien ! non, voilà !... A première vue, n'est-ce pas, ça a l'air un peu... Eh bien ! pas du tout... Tu vas voir... C'est très naturel.

LAURENCE.

Ah ! bien, je serais curieuse...

SCÈNE DOUZIÈME

COCAREL.

Et notre justification... la voilà!... Nous... allions prendre notre bain...

LAURENCE.

Ah! vous alliez?... En même temps?...

COCAREL.

Mais non!... Comment veux-tu... la baignoire est trop petite...

LAURENCE.

Hein!...

COCAREL.

Non, ce n'est pas ce que je voulais dire... Enfin, tiens, justement nous étions en train de tirer à la courte paille pour savoir qui passerait le premier... tu vois!

LAURENCE.

Ah! ça, vous êtes cynique, monsieur... Comment! je vous prends en flagrant délit, je vous trouve là tous les deux en tête-à-tête, au milieu de l'obscurité et vous voudriez me faire croire...

COCAREL, avec conviction.

Ah! quelle fâcheuse idée j'ai eue de vouloir prendre ce bain!

LAURENCE.

Savez-vous bien que je puis vous traîner devant les tribunaux... Lisez le Code, article 339.

COCAREL, digne.

Comment, tu connais le Code?

LAURENCE.

Ma mère a eu la précaution de m'apprendre les divers articles qu'il est bon de connaître dans un ménage.

COCAREL.

Une fière idée qu'elle a eue là, madame ta mère!....

LAURENCE.

Je vous défends d'insulter ma mère.

COCAREL.

Moi, je l'insulte... Mais tu es folle!

LAURENCE.

Dès demain, je la mets à la porte, votre Adélaïde...

COCAREL.

Mon Adélaïde !

LAURENCE.

Oui, monsieur... Et c'est moi qui vous la chercherai, votre femme de chambre... une femme sérieuse... une femme mûre... et je sais où j'irai vous la prendre.

COCAREL.

A Sainte-Périne ?

LAURENCE.

Eh bien ! oui, monsieur, à Sainte-Périne, s'il le faut... Je ne vous engage pas à plaisanter... Allez ! vous me faites horreur !...

COCAREL.

Ah ! c'est agaçant à la fin !... (Brusquement en levant les bras au ciel.) Mais voyons quand je te dis...

LAURENCE.

Ah ! mon Dieu ! mon mari ose lever la main sur moi !

COCAREL, ahuri.

Moi !

LAURENCE.

Ah ! je savais bien que j'avais épousé un brutal... Vous voulez me battre à présent !... Oh ! que je suis malheureuse !

COCAREL.

Mais enfin, raisonnons !

LAURENCE.

Laissez-moi, monsieur !... Tout est fini entre nous ; je rentre dans mon appartement et demain je retourne chez ma mère.

COCAREL.

Chez sa mère ? Elle connaît le refrain !...

LAURENCE.

Adieu ! monsieur !

Elle rentre chez elle.

COCAREL.

Laurence! Voyons, Laurence!

Laurence lui ferme la porte au nez.

SCÈNE XIII

COCAREL, puis CATULLE.

COCAREL.

Non ! mais c'est fou... Mais c'est qu'il n'y a aucune raison... et avec ça, elle ne veut rien entendre... impossible de m'expliquer... Aussi que le diable emporte cette Adélaïde ! Comment me tirer de là, mon Dieu !...

CATULLE.

C'est stupide ! J'arrive d'une brasserie du quartier... On m'a mis à la porte : il paraît qu'on ne laisse plus entrer les collégiens... C'est vexant pour l'uniforme.

COCAREL, à part.

Lui ! Oh ! quelle idée !... (Haut.) Ah bien ! tu arrives à propos, je puis avoir confiance en toi, n'est-ce pas ?

CATULLE.

Pourquoi ?

COCAREL.

Enfin, je puis avoir confiance ?... oui ! Eh bien, tu vas me rendre un service.

CATULLE

Volontiers... Quoi ?

COCAREL.

Tu vas faire la cour à ma femme !

CATULLE.

Moi ?

COCAREL.

Oui... je t'en prie...

CATULLE.

Ah ! Elle est bonne celle-là ! Tu n'es pas sérieux...

COCAREL.

Rien de plus sérieux !

CATULLE.

Allons donc ! Tu n'y penses pas... Moi, faire la cour à Laurence... D'abord, je ne saurais pas...

COCAREL, incrédule.

Ah ! bah !

CATULLE.

Qu'est-ce que je lui dirais, enfin ?

COCAREL.

Eh bien ! qu'est-ce tu dis d'habitude dans ces cas-là ? Enfin qu'est-ce que tu dis aux femmes quand tu veux leur faire la cour ?

CATULLE.

Eh bien ! je leur dis : Cristi, vous êtes chouette, vous ! vous devez être rudement chic en maillot !...

COCAREL.

Diable ! C'est un peu raide.

CATULLE.

Eh bien ! ça me réussit à moi.

COCAREL.

Oui. Mais enfin, ce n'est pas le cas... Non, tu lui diras que tu l'aimes... que tu la trouves charmante... est-ce que je sais, moi ?

CATULLE, avec une moue de dédain.

Oui, une panade.

COCAREL.

Enfin, tu trouveras. Mais tout ça, bien entendu, en tout bien, tout honneur.

CATULLE, désappointé.

Ah !

COCAREL.

Comment ! « ah !... »

CATULLE.

Ah !... bien !... c'est égal !... C'est une drôle d'idée que tu as là !

COCAREL.

Ça, c'est mon affaire ! Allons ! je rentre chez moi... je te laisse. Courage !

Il rentre chez lui.

SCÈNE XIV

CATULLE, puis LAURENCE.

CATULLE.

Eh bien ! Il s'en va !... Ah ! ça qu'est-ce que tout cela veut dire ?... Il veut que je fasse la cour à sa femme, lui, le mari... C'est pouffant ! Oui, seulement, il m'a dit : « En tout bien, tout honneur » jusqu'où ça va, ça. « En tout bien, tout honneur ? » Ah ! bah ! je verrai bien jusqu'où je pourrai aller... C'est égal, il est très délicat, Sosthènes, de m'avoir fait cette proposition... parce que sans ça, ça ne serait jamais venu de moi-même. J'aurais cru être indiscret... Ah ! pristi, faire la cour à Laurence ! Mais j'en ai tellement envie que je ne pourrai jamais y arriver... je sens ça !...

Il remonte dans le fond.

LAURENCE, très agitée.

Allons, je n'ai que ce moyen-là !... C'est osé !... Mais monsieur Cocarel, c'est vous qui l'aurez voulu...

CATULLE.

Ma cousine !

LAURENCE.

Ah ! Catulle !... J'avais bien reconnu votre pas de ma chambre. Alors... je suis venue !

CATULLE, à part.

Ah ! mon Dieu ! Est-ce qu'elle aussi ?...

LAURENCE, à part.

Ma foi, c'est un enfant... Ça n'a pas d'importance.

CATULLE.

Ah ! Laurence ! J'ai bien des choses à vous dire...

LAURENCE.

Vraiment? (A part.) Tiens! tiens! Est-ce qu'il y viendrait de lui-même?... Cela vaudrait encore mieux.

CATULLE, à part.

Je n'oserai jamais.

LAURENCE, très tendre.

Eh bien!...

CATULLE.

Eh bien! (A part.) Pristi, quels yeux!... (Haut.) Oh! c'est que c'est bien difficile à dire...

LAURENCE, même jeu.

Allons, dites toujours... Est-ce que je vous fais peur...

CATULLE.

Oh! non! (Prenant son courage à deux mains.) Eh bien! je tiens à vous dire que je suis très heureux!

LAURENCE.

Vraiment!

CATULLE.

Oh! oui, bien heureux!... bien heureux de vous voir, de sortir dans cette maison... d'être auprès de vous.

LAURENCE.

Alors, vraiment, vous ne vous ennuyez pas ici?

CATULLE, bien naïf.

Oh! non, certes... c'est que je vous aime mieux que les pions... Allez!

LAURENCE.

Hein?

CATULLE, à part.

Son front s'est plissé! j'ai été trop loin. (Haut et vivement.) Oh! mais cela ne prouve rien, vous savez, ma cousine, parce que les pions, c'est si désagréable, si embêtant qu'on aime n'importe qui, mieux qu'eux. Ainsi...

LAURENCE.

Hein!... Ah! bien! vous avez une drôle de façon de me faire la cour, par exemple!

CATULLE.

De vous faire la cour?

SCÈNE QUATORZIÈME

LAURENCE, embarrassée.

Dame ! Je croyais... je pensais... Mais mettons que je n'ai rien dit.

CATULLE.

Ah ! mais si !... mais si, ma cousine, vous avez bien dit. Ah ! c'est que je suis si timide... et je vous trouve tellement jolie que je perds la tête quand je vous vois. Ah ! j'avais toujours l'intention de vous le dire, combien je vous trouvais belle... mais je n'osais jamais.

LAURENCE, avec un soupir de satisfaction.

Allons donc !

CATULLE.

Ça ne vous fâche pas, au moins ?

LAURENCE

Ah ! c'est que je ne sais si je dois...

CATULLE.

Ah ! ça vous fâche, je le vois bien ! J'ai eu tort de parler !... Je ne dirai plus rien !

LAURENCE.

Mais si ! mais si ! (A part.) Et ma vengeance, alors ?

CATULLE.

Comment ? Vous permettez ? Ah ! que vous êtes bonne, ma cousine... Alors, vous ne me repoussez pas... vous voulez bien que je vous dise que je vous aime...

LAURENCE, à part.

Eh bien ! Il va bien !...

CATULLE.

Oh ! si j'avais pu savoir !... oh !... il y a longtemps que je vous aurais avoué ce que je n'osais vous dire. Mais vous vous montriez si froide avec moi...

LAURENCE.

Moi ?

CATULLE.

Oh ! mais ça m'est égal ! maintenant que je sais à quoi m'en tenir, je suis heureux... Je sais que je ne vous suis pas indifférent... que je puis avoir de l'espoir...

LAURENCE.

De l'espoir !... ah ! taisez-vous Catulle !... si mon mari vous entendait !

CATULLE.

Ah ! ça lui serait bien égal... Nous sommes très bien ensemble... (Avec feu.) Ah ! Laurence !... combien nous allons nous aimer à présent !... Nous nous verrons souvent... Tenez, voulez-vous aller demain aux Folies-Bergère avec moi, dites ?

LAURENCE.

Mais vous êtes fou...

CATULLE.

Ne refusez pas... c'est moi qui offre. Ah! Laurence! Laurence! que je suis content ! Et comme les élèves m'envieront au collège quand ils sauront ma bonne fortune !

LAURENCE.

Malheureux ! qu'est-ce que vous dites ?

CATULLE.

Ah ! vous pensez bien que je vais leur raconter tout ça. Et c'est ça qui enfoncera Badingeard ! (Il lui prend la main.) Ah! ma cousine, je vous aime !... je vous aime !... Laissez votre main dans la mienne, laissez-moi vous presser sur mon cœur.

LAURENCE.

Ah! taisez-vous, Catulle !... vous m'entendez, Catulle, je vous défends...

CATULLE.

Non, non, je ne me tairai jamais... je vous aime.

LAURENCE.

Ah! quelle imprudence j'ai faite!

CATULLE.

Je veux m'enivrer de vos regards, de vos sourires ; votre voix m'enchante ! Tout en vous me charme et me séduit ! Et je vous trouve belle !

Il se met à genoux.

LAURENCE.

Ah! mon Dieu!.... (Très digne.) Mais, monsieur, mais vous me faites une déclaration ?...

CATULLE, toujours à genoux.

Eh bien ! oui, ça en a l'air.

LAURENCE.

Comment vous osez !... Oh !... c'est trop fort... Taisez-vous ! Il ne m'est pas permis d'en écouter davantage... Taisez-vous ou j'appelle...

CATULLE, marchant sur les genoux.

Vous ne ferez pas cela !...

LAURENCE.

Ah ! vous verrez bien.

CATULLE, même jeu.

Je vous en défie !...

LAURENCE, saisissant le cordon de la sonnette.

Ah ! vous m'en défiez ?

CATULLE, toujours à genoux.

Eh ! pas de blagues ! (A part.) J'ai peut-être été un peu loin !

SCÈNE XV

Les Mêmes, COCAREL.

COCAREL, qui les considère depuis un moment.

Ah ! parfait !

LAURENCE.

Mon mari ! (A Catulle qui est toujours sur les genoux.) Mais relevez-vous donc, vous ! vous voyez bien que vous me perdez !

CATULLE.

Oh ! ne craignez rien, ce n'est que votre mari !...

COCAREL, railleur, descendant entre eux.

Allons, madame, voilà qui est bien... Il paraît que je vous dérange !

LAURENCE, effrayée de ce qu'elle a fait.

Oh ! Sosthènes ! Ne crois pas... je t'en supplie...

COCAREL.

Ah! à d'autres, madame.

CATULLE.

Comment !... Mais... Sosthènes...

COCAREL, bas et vivement.

Chut! Tais-toi!... C'est un stratagème.

LAURENCE.

Voyons, mon ami... écoute-moi... Je vais tout te dire. Voyons... Soso...

COCAREL.

Il n'y a pas de Soso... Ainsi voilà tout ce que vous trouvez pour votre défense : « Voyons, Soso! »

CATULLE.

Ah! ça... qu'est-ce qu'il raconte?

COCAREL.

Savez-vous bien que je puis vous traîner devant les tribunaux... Je pourrais vous tuer même tous les deux. Le Code m'en donne le droit... car votre cas est prévu. Oui, madame. (A Catulle.) Oui, monsieur. Lisez le code pénal, article trois cent... je ne sais pas combien. Ma femme vous dira le numéro, sa mère le lui a appris !...

LAURENCE.

Ah! mon Dieu! Sosthènes...

COCAREL.

Oui, je pourrais tout cela; mais ce serait amener un scandale que je redoute... (A Catulle.) Monsieur, vous savez ce qu'il vous reste à faire.

LAURENCE.

Hein !

CATULLE, ahuri.

Comment?

COCAREL, bas.

Tais-toi donc! Je te dis que c'est pour rire. (Haut.) Demain, monsieur, au petit jour, au bois de Vincennes !...

LAURENCE.

Ah! Dieu du ciel! Il veut se battre avec cet enfant! Il

SCÈNE QUINZIÈME

veut le tuer! Ah! ce serait horrible! (A Cocarel.) Non, vous ne ferez pas cela, je ne veux pas...

COCAREL.

Ah! madame, ceci me regarde.

LAURENCE, marchant vers lui.

Mais encore une fois, je vous répète...

COCAREL.

Non!

LAURENCE, brusquement, levant les bras au ciel.

Ah! Vous m'écouterez, monsieur...

COCAREL, dramatique.

Ah! mon Dieu! ma femme ose lever la main sur moi!

LAURENCE.

Moi!

COCAREL, dramatique.

Allez, madame! Tout est fini entre nous! Je rentre dans mon appartement et demain je retourne chez ma mère.

LAURENCE.

Voyons, Sosthènes, tout cela n'est pas sérieux, voyons! Je te jure qu'il ne s'est rien passé et que nous sommes innocents.

COCAREL.

Oh! cessez cette comédie, madame... Dieu merci.. je vois clair... Comment, je vous trouve là tous les deux, seul à seul, Catulle à vos genoux!...

LAURENCE.

Et qu'est-ce que cela prouve?

COCAREL.

Comment! qu'est-ce que cela prouve? Voilà un homme et une femme en tête-à-tête au milieu de la nuit, l'homme est aux genoux de la femme, ou la femme sur les genoux de l'homme, n'importe! on arrive! on les surprend et vous voudriez me faire croire qu'ils ne sont pas coupables! Allons donc, madame, vous savez bien que vous les condamneriez vous-même!

LAURENCE.

Ah! Sosthènes, je te comprends! oui, j'ai eu tort, je n'aurais pas dû douter de toi... J'aurais dû attendre tes explications... Enfin! je sais... j'ai été trop méfiante. Eh bien! je te demande pardon, mais je te jure que tu n'as rien à me reprocher!...

COCAREL, avec élan.

Eh parbleu! grande enfant, je le sais bien...

Laurence se jetant dans ses bras, ils s'embrassent.

CATULLE, qui les regarde ahuri, après un temps.

Non, moi, je ne m'en mêle pas... parce que je n'y comprends rien du tout!...

COCAREL, à Laurence.

Ça t'apprendra dorénavant à ne plus te méfier ainsi de ton mari, à ne plus l'accuser à la légère... Es-tu bien rassurée au moins maintenant?

LAURENCE.

Moi? Oh! tout à fait, va!... Seulement... tu me raconteras tout! hein? tout de même!

SCÈNE XVI

Les Mêmes, ADÉLAÏDE.

ADÉLAÏDE, passant la tête à la porte du fond.

On ne se chamaille plus? On en est aux épanchements? C'est le moment. Allons-y de la larme. (Éclatant en sanglots.) Ah! Ah! Ah!

COCAREL, LAURENCE, CATULLE.

Hein! Qu'est-ce que c'est?

ADÉLAÏDE.

Ah! c'est égal!... quitter monsieur et madame qui ont toujours été si bons pour moi!

LAURENCE.

Ah! c'est vous?

SCÈNE SEIZIÈME

ADÉLAÏDE.

Oh! j'en ai le cœur fendu... Enfin! qu'est-ce que j'ai fait, voyons?

COCAREL.

Ah! bien puisque vous voilà, je ne serais pas fâché d'avoir une explication... je voudrais bien savoir comment et pourquoi vous m'avez joué cette comédie dans l'obscurité... Il me semble que vous auriez pu me dire que vous étiez là, au lieu de vous faire passer pour madame.

ADÉLAÏDE.

Dame! monsieur m'a dit : « Dis donc. Eh!... est-ce que c'est toi? » Eh bien! puisque c'était moi, je ne pouvais pas dire que ce n'était pas moi. Je ne vois pas pourquoi je me désavouerais, et j'aime trop la vérité pour dire que ce n'est pas moi, quand c'est moi.

COCAREL, avec conviction.

Cette fille est bête à lier!...

LAURENCE, à Cocarel.

Oh! en vérité, je n'en reviens pas. Comment Sosthènes... Alors, vraiment tu croyais que c'était moi qui...

COCAREL.

Dame! dans le noir...

LAURENCE.

Ça ne me flatte pas! mais enfin ça me rassure!

COCAREL.

Eh bien? Es-tu convaincue?

LAURENCE.

Oh! je crois bien!... Et la preuve : Adélaïde, je vous garde!

ADÉLAÏDE.

Ah! que madame est bonne! Que le bon Dieu lui rende la pareille!

COCAREL, à Laurence.

Et maintenant, fillette, il est tard, rentrons... Bonsoir, vous...

ADÉLAÏDE et CATULLE.

Bonsoir !

Cocarel et Laurence rentrent par la porte de gauche.

CATULLE.

Eh bien ! moi, il m'est venu une idée, Adélaïde : Tu vas me mettre un peu d'eau chaude dans ce bain, je vais le prendre.

ADÉLAÏDE.

Hein ! vous aussi ! Mais alors, c'est plus un bain, c'est un omnibus !...

Rideau.

Octobre 1880.

FIN

Imprimerie Générale de Châtillon-sur-Seine. — A. PICHAT.

A LA MÊME LIBRAIRIE

MAM'ZELLE NITOUCHE, comédie-vaudeville en trois actes.	2 »
UN DUEL S. V. P., comédie en trois actes.	2 »
MADAME MANQUE DE CHIC, comédie en trois actes.	2 »
LE PETIT LUDOVIC, comédie en trois actes.	2 »
LES NOCES D'ARGENT, comédie en trois actes.	2 »
MISS BÉBÉ, comédie en trois actes.	2 »
LES PREMIÈRES ARMES DE FIGARO, comédie en trois actes.	2 »
LA MAGICIENNE DU PALAIS-ROYAL, drame en cinq actes.	2 »
UN RIVAL POUR RIRE, comédie en un acte.	1 50
LE BONNET DE COTON, comédie en un acte.	1 50
J'ATTENDS ERNEST, comédie en un acte.	1 50
LES CONSEILS DE MON ONCLE, comédie en un acte.	1 »
UN MARI A LA PORTE, opérette en un acte.	1 50
LES ESPÉRANCES, comédie en un acte.	1 »
L'OMELETTE A LA FOLLEMBUCHE, opéra-bouffe en un acte.	1 50
LA VEUVE GRAPPIN, opéra-comique en un acte.	1 50
FAUSSAIRE !!! comédie en un acte.	1 50
UNE CHASSE A SAINT-GERMAIN, vaudeville en deux actes.	1 »
DEUX HOMMES POUR UN PLACARD, vaudeville en un acte.	1 50
LA MOUCHE DU COCHE, comédie en un acte.	1 »
TRICORNOT, tableau villageois en un acte.	1 »
LE ROMAN CHEZ LA PORTIÈRE, folie-vaudeville en un acte.	1 »
LE DOCTEUR JOJO, vaudeville en trois actes.	2 »
GOGARD ET BICOQUET, comédie-vaudeville en trois actes.	2 »
NOUNOU, comédie en quatre actes.	2 »
TAILLEUR POUR DAMES, comédie en trois actes.	2 »
LES VACANCES DU MARIAGE, comédie-vaudeville en trois actes.	2 »
DIX JOURS AUX PYRÉNÉES, voyage circulaire en cinq actes.	2 »
NOS BONS JURÉS, comédie en trois actes.	2 »
LES DÉLÉGUÉS, comédie-vaudeville en trois actes.	2 »
BÉBÉ, comédie en trois actes.	2 »
LE TRAIN DE PLAISIR, comédie en quatre actes.	2 »
VOYAGE AU CAUCASE, comédie en trois actes.	2 »
MADAME CARTOUCHE, opéra-comique en trois actes.	2 »
BIGAME, comédie en trois actes.	2 »
JOSÉPHINE VENDUE PAR SES SŒURS, opéra-bouffe en trois actes.	2 »
LE FIACRE 117, comédie en trois actes.	2 »
LE PROCÈS VAURADIEUX.	2 »

IMPRIMERIE GÉNÉRALE DE CHATILLON-SUR-SEINE. — A. PICHAT.

www.ingramcontent.com/pod-product-compliance
Lightning Source LLC
Chambersburg PA
CBHW060643050426
42451CB00010B/1204